*Dedikuar gjithë atyre,
që fjala u është kthyer
në dhimbje*

Kiçi, Dritan
Belbëzimi, mbajtja e gojës :
pse ndodh dhe si ta korrigjosh /
Dritan Kiçi ; red. Ornela Musabelliu.
– Ribot. i përditës. –
Tiranë : RL Books, 2021
72 f. ; 12.7x20.3 cm.

ISBN 978-9928-324-18-4

1.Çrregullime të të folurit   2.Terapeutika
616.89 -008.434 -085

RL BOOKS
www.rlbooks.eu
admin@rlbooks.eu

Brussels 2021

Dritan Kiçi

Belbëzimi
Mbajtja e gojës

Pse ndodh dhe si ta korrigjosh

RL BOOKS
2021

PARATHËNIE

Mendo sikur je në një konkurs, ku mund të fitosh një milion euro vetëm po t'i përgjigjesh një pyetjeje. Drejtuesi bën pyetjen dhe menjëherë në mendje të vjen natyrshëm përgjigja, që është një fjalë e vetme, dhe, sapo ta thuash, ua hodhe halleve. Merr frymë dhe bëhesh gati ta thuash me gjithë shpirt atë fjalë. Tani e tutje hallet do mbyllen... por, fryma të ngec. Asnjë tingull nuk të del nga goja. Gjoksi të shtrëngon, sikur brenda tij dikush të ka mbledhur zemrën në një grusht hekuri e nuk e lë të rrahë. Koha në dispozicion mbaron dhe një milion eurot të ikën nga duart.

Përveç inskenimit teatral të konkursit e të një milion eurove, gjithçka tjetër ndodh çdo ditë, çdo orë, çdo minutë, çdo sekondë e shpesh në çdo fjalë.

Një për qind e popullsisë së botës nuk arrin të thotë lirshëm ato gjëra të bukura që ka brenda vetes. Mbi ta rëndon kryqi i mundimit për një faj që nuk e kanë bërë. Janë objekt i talljeve dhe persekutimit shoqëror. Janë 1% e dashurisë së pathënë të botës.

Këta 1% janë belbëzuesit, të vetmit njerëz, të cilëve dhe "vetë zoti" u ka shkelur "Konventën e të drejtave të njeriut", u ka hequr të drejtën e fjalës së lirë.

Nëse ti që po lexon je një belbëzues, këto fjalë janë për ty, por edhe nëse nuk je, por ke pranë apo njeh dikë që belbëzon, të lutem vazhdo t'i lexosh këto rreshta, me të cilët do përpiqem me aq sa mundem të përshkruaj se ç'është belbëzimi dhe si influencon në jetën e njeriut. Gjithashtu, në përfundim të këtij libri të vogël do të gjeni edhe një teknikë tepër të suksesshme për korrigjimin e belbëzimit.

Ia ke shtruar ndonjëherë vetes pyetjen: "Ju shmanga asaj situate për shkak të belbëzimit, apo për shkaqe të tjera?".

Kur arrin t'i shtrosh pyetje të tilla vetes, gjithçka vështirësohet. Për mossuksesin, ndoshta, mund të jetë më e lehtë të fajësosh belbëzimin, por ky nuk është shkaku i vërtetë. Është mirë të flasim pak për këtë.

Askush nuk ta përmend belbëzimin në sy dhe ti, gjithashtu, përpiqesh t'i shmangesh diskutimeve rreth tij. Gjithçka fillon që në fëmijëri. Shpesh doktorët dhe miqtë e afërm këshillojnë prindërit e fëmijëve që belbëzojnë me idenë se "po të mos ia vesh re fëmijës, shpejt problemi do të largohet vetë". Prindërit shpesh besojnë se, po të flasësh me fëmijën për belbëzimin, gjendja mund të keqësohet më shumë. Megjithatë, tani është një gjë e njohur se, sa më shpejt të flasësh për këtë problem, aq më shumë shtohen shanset për ta korrigjuar.

Ke dëgjuar shumë diskutime dhe kritika në fëmijërinë tënde, por vë bast se asnjë diskutim nuk ka qenë për belbëzimin. Shpesh njerëzit preferojnë të gënjejnë veten, duke pretenduar se nuk ekziston ndonjë problem. Ti vazhdon akoma edhe sot: përpiqesh ta fshehësh belbëzimin, ndoshta, duke kontribuar kështu në përkeqësimin e gjendjes, si pasojë e sforcimit mendor e fizik.

Heshtja ndaj belbëzimit është vendosur që mos ta bëjë belbëzuesin të ndjehet keq: ti nuk flet me të tjerët për belbëzimin, sepse mendon se edhe ata nuk kanë dëshirë të flasin rreth këtij shqetësimi.

Nuk ka pikë dyshimi që pamundësia për të folur me dikë për belbëzimin e përkeqëson së tepërmi gjendjen, duke përforcuar problemin.

Sa më shumë të dish rreth belbëzimit, aq më të lehtë do ta kesh ta luftosh e të fitosh.

Ç'është belbëzimi

Belbëzimi "*karakterizohet nga bllokimi ose pengimi i rrjedhshmërisë, gjë që ndërpret rrjedhjen e lirshme dhe ritmike në të folur. Këto bllokime mund të paraqiten në formën e përsëritjes së tingujve të veçantë, rrokjeve përbërëse të një fjale, të një fjale të plotë ose në zgjatjen e një tingulli në atë mënyrë, që fjala e shqiptuar duket e tejzgjatur. Gjithashtu belbëzimi paraqitet edhe në formën e një bllokimi të heshtur të frymëmarrjes, që, si pasojë, shprehet me mosnxjerrjen e asnjë tingulli*", (Enderby, 1996).

Te belbëzuesi, shqiptimi mund të paraqitet herë-herë i sforcuar, i tensionuar dhe i parregullt. Belbëzuesit, zakonisht, përpiqen të shmangin fjalë apo situata të caktuara, të cilat i kanë vërtetuar nga praktika se mund t'u shkaktojnë vështirësi në të folur.

Ka persona që në oratorinë e tyre shmangin plotësisht një grup të caktuar fjalësh, në atë masë sa që njerëzit rreth tyre, edhe më të afërtit, nuk arrijnë të kuptojë se personi në fjalë është belbëzues. Kjo njihet nga studiuesit si "belbëzim konvertiv".

Gjithë sa thamë më lart, ndoshta, përshkruan atë që ndodh gjatë belbëzimit, por nuk tregon shumë për atë se si ndjehet një belbëzues. Nuk tregon turpin dhe sikletin, frikën dhe tensionin, humbjen e besimit te vetvetja dhe krijimin pak nga pak të një fobie të vërtetë ndaj bisedave dhe fjalës në përgjithësi.

Një belbëzues e di mirë se çfarë do që të shprehë dhe shpesh, si gjithë të tjerët, dëshiron të thotë diçka të rëndësishme në bisedë, por, me gjithë përpjekjet, nuk i del ashtu siç duhet fjala nga goja dhe kjo bën që në këtë proces, shpesh, humbet kuptimi i asaj që dëshiron të thotë. Jo se nuk di se ç'thotë, por sepse nuk është i aftë ta thotë.

Belbëzimi është po aq i vjetër sa dhe vetë fjala. E gjen të përmendet edhe te Bibla, te fjalët e zotit: *"Dhe gjuha belbëzuese do të flasë qartë e rrjedhshëm"*, (Isaia 32:4).

E mbajtura e gojës, siç i thonë në gjuhën e përditshme belbëzimit, gjendet në të gjithë botën dhe prek të pasur e të varfër, gjeni apo persona me probleme mendore. Ka patur dhe ka plot njerëz të famshëm belbëzues: Mbreti George VI i Anglisë, bukuroshja Marilyn Monroe, i famshmi Mister Bin (Rowan Atkinson) janë disa nga më të njohurit, por edhe në Shqipëri ka prej tyre, me famë të merituar plotësisht. Kadri Roshi, ciceroni i skenës shqiptare, belbëzoi gjatë gjithë jetës, herë shumë dhe herë pak.

Nga se shkaktohet belbëzimi?

Shkaqet e belbëzimit janë aktualisht të panjohura, por kërkimet shkencore në këtë fushë sugjerojnë se në bazën e tij ka një sërë faktorësh. Këta mund të jenë fizikë, emocionalë ose për shkak të influencave të jashtme, si: shkolla dhe prindërit.

Prejardhja gjenetike, të paktën në një pjesë të rasteve, duket se është gjithashtu faktor. Personat me belbëzues në familje duken më të predispozuar të belbëzojnë.

Teknologjitë e reja në skanimin e trurit të njeriut tregojnë ndryshime të mëdha mes aktivitetit të trurit të belbëzuesve dhe folësve të rrjedhshëm. Ndryshimet vihen re te mënyra se si aktiviteti cerebral i një belbëzuesi është më i ndezur edhe në zonat e trurit jo përgjegjëse për gjuhën dhe të folurën. Belbëzimi është katër herë më i shpeshtë te djemtë sesa te vajzat. Në një farë mënyre, kjo mund të justifikohet edhe me natyrën më të tërhequr të vajzave, që i bën ato më të kujdesshme e të ngadalta në aktivitetin e tyre.

Shumë belbëzues harxhojnë mjaft kohë dhe

energji në përpjekjet për të gjetur shkakun e belbëzimit të tyre. Nganjëherë mendohet në mënyrë të gabuar se, duke gjetur shkakun, belbëzimi do të kurohet. Për fat të keq, kjo nuk është e vërtetë dhe bën që njerëzit të harxhojnë kot energjitë, duke menduar për të shkuarën, në vend që të ballafaqojnë të tashmen.

Belbëzimi duket se shpesh vazhdon në familje, por jo gjithnjë kjo është e vërtetë.

Kërkimet e kohëve të fundit janë fokusuar në gjetjen e një shkaku fizik të belbëzimit. Nga studimet ka dalë se një pjesë e belbëzuesve ka vështirësi në koordinimin e muskujve, që përdoren për të folur dhe për këtë arsye u duhet më shumë kohë për artikulimin e fjalëve. Kjo na bën të vërtetojmë diçka, që thuajse të gjithë e dinë: sa më ngadalë të flasësh, aq më shumë të shtohen mundësitë për një të folur të rrjedhshme. Gjë e njohur vërtet, por që thuajse asnjë belbëzues nuk e përdor.

Teoria se belbëzimi shkaktohet nga ç'rregullime nervore ka rënë, sepse është vërtetuar se belbëzuesit nuk janë më neurotikë sesa të tjerët. Megjithatë, belbëzuesit kanë një frikë të madhe nga disa situata bisedore, që i bën të duken disi neurotikë.

Siç e thamë më lart, nuk ka një shkak të vetëm për belbëzimin, por kërkuesit dhe studiuesit janë dakord se një kombinim faktorësh në fëmijëri mund të jetë çelësi i problemit.

Kjo lidhet ndoshta më shumë me raportin

mes kapacitetit që një fëmijë ka në zhvillimin e oratorisë dhe kërkesave që i drejtohen nga jashtë për një të folur sa më të rrjedhshme.

Megjithatë, kur personi rritet, shkaku i belbëzimit është i parëndësishëm; çështja në këtë moment është se ç'mund të bëhet për ta korrigjuar. Ndoshta shumëkush e ka humbur shpresën dhe është dorëzuar te "fati" i tij, por gjithmonë mund të bëhet shumë kundër belbëzimit.

Mos ki turp, drejtoju një specialisti, kërko ndihmë!

Ndikimet e belbëzimit te njeriu

Kjo pjesë e librit është për ju, që jetoni pranë një belbëzuesi. Shkurtimisht dua t'ju tregoj se sa influencë ka belbëzimi te njeriu. Ndaj kuptojeni: nëse nuk mund të ndihmoni dot duke bërë diçka, të paktën ndihmoni me heshtje.

Belbëzimi influencon individë të ndryshëm në mënyra të ndryshme dhe mund të variojë sipas situatave, ku belbëzuesi ndodhet. Kjo varet nga personi me të cilin po flet, vlerësimi që ka për veten, rrjedhshmërinë e tij dhe nga ajo që dëshiron të thotë.

Belbëzimi është i ndryshëm për çdo individ, i rritur apo fëmijë dhe paraqitet me shpeshtësi dhe ashpërsi të ndryshme.

Duket i tillë, por nuk është thjesht një vështirësi në të folur, por një problem tepër serioz në komunikim. Te një fëmijë apo një i rritur, belbëzimi mund të kushtëzojë në mënyrë të egër vlerësimin ndaj vetes dhe kapaciteteve të tij, duke sjellë si pasojë pengimin e komunikimit me të tjerët dhe të mbarëvajtjes së edukimit dhe punësimit të belbëzuesit.

Janë të shumtë faktorët që influencojnë në

shkallën e vështirësisë në të folur te belbëzuesi. Ndër më të rëndësishmit mund të përmendim ambientin rrethues.

Një fëmijë apo i rritur që belbëzon, mund të ndjejë vështirësi më të madhe në të folur kur ndaj tij ushtrohet presion që të flasë më shumë dhe më mirë; në situata të ndryshme apo me persona të ndryshëm. Si shembull mund të marrim komunikimin në telefon ose një intervistë pune kur kërkohet një përgjigje specifike, si për shembull: emri, adresa, numri i telefonit ose përdorimi i disa fjalëve të veçanta e të pazëvendësueshme.

Për habi, nga ana tjetër, te disa persona, tensionimi dhe stresi i disa situatave bashkëbiseduese shton rrjedhshmërinë e tyre. Këtu mund të jap si shembull veten, që edhe pse belbëzues, për katër vjet kisha programin tim në televizion.

Faktorët gjuhësorë

Fëmijët apo të rriturit belbëzojnë përgjithësisht në fjalë që përcjellin informacione specifike, si dhe kur përdorin fjalë komplekse të përbëra nga shumë rrokje. Zakonisht, belbëzimi shfaqet në fillim të fjalive. Dhe kur fjala e parë ka dalë nga goja, të tjerat rrjedhin pa shumë vështirësi.

Faktorët fizikë

Në disa raste, belbëzimi shtohet në varësi të gjendjes së individit, si për shembull: kur ndjehet keq nga ana shëndetësore, i stresuar, i lodhur, i emocionuar apo i mërzitur.

Faktorët psikologjikë

Belbëzimi mund të shtohet në vartësi të gjendjes psikologjike të individit. Rëndimi i gjendjes varet nga ajo se si belbëzuesi ndjehet, për mënyrën se si flet, perceptimi i vetvetes rreth aftësive komunikuese dhe reaksioni që krijon te bashkëbiseduesit belbëzimi i tij. Zakonisht, belbëzuesit janë plotësisht të rrjedhshëm kur flasin në kor me të tjerë, kur këndojnë dhe kur pëshpërisin nën zë.

MOSHAT

Fëmijët deri në pesë vjeç

Pranohet nga studiuesit e të gjithë botës, se 7% e fëmijëve nën moshën 5 vjeç kalojnë në një fazë belbëzimi në zhvillimin e tyre gjuhësor.

Rreth një e katërta e këtyre fëmijëve janë shumë të rrezikuar nga mundësia e zhvillimit të një belbëzimi kronik, i cili mund të vazhdojë gjatë gjithë jetës nëse nuk ndërhyhet seriozisht gjatë viteve parashkollore. Ndër këta fëmijë, që zhvillojnë një belbëzim kronik, numri i djemve është dy herë më i lartë se i vajzave.

Shumë fëmijë, nga mosha dy deri në gjashtë vjeç, kalojnë në një periudhë të karakterizuar me mungesën e rrjedhshmërisë në të folur, që shfaqet me vështirësinë e riprodhimit të rrjedhshëm të fjalëve.

Në shumicën e rasteve, ky belbëzim mund të quhet thjesht mungesë rrjedhshmërie në të folur dhe një gjë e tillë është më se normale për këtë moshë.

Një trevjeçar, që përsërit, për shembull, t-t-tingull, ose ti-ti-tingull, ose tingull-tingull-tingull, në njërën nga këto tri forma, nuk është e thënë se po belbëzon.

Këto përsëritje, pushime dhe kthime mbrapsht në të folur janë, në shumicën e rasteve, një konfuzion mendimesh dhe shqiptimi, si pasojë e një evolucioni normal në mjeshtërimin e artikulimit nga vogëlushi.

Në këto vite të jetës, fëmijët përballen me eksperienca të reja çdo ditë, mbi të cilat përpiqen të komentojnë e komunikojnë, pa e ditur se si mund të bashkojnë aq fjalë sa duhen, për të shprehur rrjedhshëm atë që duan të thonë.

Mungesa e rrjedhshmërisë në të folur varion nga dita në ditë e nga situata në situatë.

Parrjedhshmëria shtohet sidomos kur vogëlushi është i lodhur, i emocionuar, i pabindur ose kur përpiqet të konkurrojë me folës të tjerë pranë tij.

Shumica e fëmijëve e kalojnë pa pasoja këtë periudhë, por te disa diçka ngelet. Për këtë arsye, nëse vihen re tendenca të belbëzimit, është mirë që një specialist t'i verifikojë në janë të tilla apo jo. Mos neglizhoni!

Fëmijët nga 5 deri 16 vjeç

Sipas studimeve rezulton se rreth 1.2% e fëmijëve dhe adoleshentëve të moshave nga 5 deri 16 vjeç belbëzojnë.

Për shumë njerëz, vitet e fëmijërisë dhe rinisë së hershme, deri në moshë të rritur, nuk mbajnë kujtime të bukura, por shpesh janë të mbushura me dhimbjen e konflikteve, tensionit dhe torturës së vërtetë shpirtërore. Në këtë moshë, i riu që belbëzon përpiqet të fitojë pavarësinë e tij në të njëjtën kohë kur përpiqet të kuptojë e të ambientohet me ndryshimet e tij fizike dhe mendore, që vijnë si pasojë e rritjes dhe zhvillimit seksual. Për belbëzuesin, afrimi me shoqërinë është më i vështirë në këtë moshë dhe kthehet thuajse në sfidë.

Në këtë moshë, njeriu fillon të njohë forcat dhe dobësitë e veta. Eksperienca të reja ndodhin çdo ditë dhe kjo, në vetvete, është sfidë për vetërespektin.

Në këtë moshë ka akoma kohë për të ndërhyrë me rezultate shumë të mira. Përsëri, mos neglizhoni! Drejtojuni një specialisti.

Të rriturit

Statistikat tregojnë se rreth 1% e popullsisë në moshë të rritur belbëzon në mënyrë kronike. Duke llogaritur këtë shifër del se aktualisht në Shqipëri ka rreth 30 mijë belbëzues. Raporti mes burrave dhe grave që belbëzojnë është thuajse i njëjtë në të gjithë botën: 5 burra, për çdo grua të prekur nga mungesa e rrjedhshmërisë.

Belbëzimi, prej kohësh, as nuk është shtuar e as nuk është pakësuar. Kërkimet shkencore në këtë fushë tregojnë, sipas publikimeve, se shifrat janë të njëjta për të gjithë botën dhe se belbëzimi ndodh në të njëjtën formë dhe shpeshtësi tek të gjithë popujt, të gjitha kulturat apo grupet sociale.

Mite për belbëzimin

Plot njerëz mendojnë se personat që belbëzojnë janë më pak inteligjentë dhe më nervozë sesa njerëzit që flasin rrjedhshëm. Mendoni pak se si do të ndiheni, të mençur apo budallenj, nëse dikush ju kap për fyti e ju pyet se si e keni emrin! Sa për zgjuarsinë të mos flasim fare, sepse është një argument arkaik.

Të gjitha studimet e bëra deri më sot tregojnë se njerëzit që belbëzojnë kanë po të njëjtën shkallë inteligjence, standardesh mendore dhe paraqitje neurotike si edhe ata që nuk kanë belbëzuar kurrë në jetën e tyre.

I vetmi ndryshim mes këtyre dy grupimeve, belbëzuesve dhe të rrjedhshmëve, është se të parët belbëzojnë dhe të dytët jo. Asnjë shpjegim nuk është arritur të jepet deri më sot për këtë fakt dhe ndryshim.

Shpejtësia në të folur nuk duhet ngatërruar me shpejtësinë në të menduar te një individ. Një fëmijë apo i rritur që belbëzon mendon me një shpejtësi krejt normale, por shprehja verbale e mendimeve të tij është më e ngadalshme për shkak të belbëzimit.

Ç'mund të bëhet për të korrigjuar belbëzimin?

Te fëmijët

Prindër drejtojuni një logopedi urgjentisht! Identifikimi dhe ndërhyrja që në shenjat e para të belbëzimit është shumë-shumë e rëndësishme.

Kur belbëzimi kapet që herët dhe bëhen hapat e duhur për ta korrigjuar, rezultatet janë dramatikisht të mira.

Shpesh herë është disi e vështirë të dallosh mes mungesës së shkathtësisë në të folur dhe belbëzimit të mirëfilltë.

Prindërit, edukatorët apo logopedët, që punojnë me fëmijët, duhet të jenë tepër të kujdesshëm që të kuptojnë se cila nga sjelljet e fëmijës përbën shqetësim për rrjedhshmërinë e tij në të folur.

Një fëmijë që ka nisur të demonstrojë shenja "rreziku" ndaj zhvillimit të belbëzimit që në moshë të herët, shpesh shfaqet me belbëzime të ndryshme, me intensitet të ndryshëm.

Shumica e fëmijëve e kalojnë këtë periudhë të vështirë, por disave u ngelen pasoja.

Ja disa nga shenjat paralajmëruese, që

tregojnë se një vogëlush po rrezikon të zhvillojë belbëzimin:

- *Tinguj ose fjalë që përsëriten më shumë se një herë çdo katër fjali, 5 ose më shumë herë për çdo 100 fjalë.*

- *Përsëritje e tingujve ose fjalëve më shumë se tri herë me radhë. P.sh. "i-i-i-i thashë".*

- *Zgjatje e tingujve për gjysmë sekonde apo më shumë, si p.sh. "Nnnnnesër është viti i ri!".*

- *Dridhje e fytyrës ose tendosje e muskujve të saj. Dridhje të buzëve, ngritje e vetullave, hapje e vrimave të hundës dhe pulitje të shpeshta të qepallave.*

- *Lëvizje jo normale të kokës dhe nofullës së poshtme.*

- *Goja e hapur shumë dhe nxjerrje jashtë e gjuhës.*

- *Frymëmarrje e parregullt.*

- *Ngritje e tonit të zërit dhe intensitetit të lij.*

- *Shmangie ndaj bisedave.*

- *Inat ndaj të folurit, shpesh duke thënë "unë s'di të flas". Shpërthime të qarash ose mbulimi i gojës me duar.*

- *Tentativa komunikimi shpesh të pafinalizuara.*

Prindërit dhe kujdestarët mund të ndihmojnë në mënyrë indirekte një fëmijë në zhvillimin e rrjedhshmërisë së tij në të folur, duke pakësuar me sa të munden kërkesat ndaj fëmijës:

Fol me fëmijën me ngadalë; përdor fjali të shkurtra dhe një zë të qetë.

Pusho për një moment para se t'i përgjigjesh pyetjeve të vogëlushit.

Kur bisedon me fëmijën, fol rreth atyre që po bën, ato që ke parë apo ato që ndjen. Është mirë të mos i bësh pyetje si "ç'po bën?" e "si ja kalon?"; edhe një i rritur nuk di si t'u përgjigjet këtyre pyetjeve.

Ji një dëgjues i mirë e jepi vëmendjen e duhur asaj që fëmija po të thotë e jo se si po e thotë.

Përpiqu të mos e ndërpresësh fëmijën kur ai ose ajo flet dhe inkurajo gjithë pjesëtarët e familjes të flasin me radhë, pa ndërprerë njëri-tjetrin.

Kurrë mos i thuaj fëmijës: "Fol ngadalë!" ose "Merr frymë thellë!", ose "Mendohu para se të flasësh!".

Përpiqu të shmangësh sa të mundesh reaksionet e këqija ndaj belbëzimit të fëmijës, duke përmbledhur këtu dhe shqetësimin tënd të dukshëm në fytyrë apo në sjellje të tjera.

  Përgëzoje fëmijën duke i treguar se sa kënaqesh kur luan e bisedon me të dhe shprehi sa më shpesh mesazhe të mira joverbale, si, për shembull, buzëqeshje dhe përqafime.

Tek të rriturit

Kurim të garantuar në korrigjimin e belbëzimit tek të rriturit nuk ka, por terapitë e ndryshme mund të të ndihmojnë të mësosh më shumë rreth vetvetes, belbëzimit dhe efektet që ai ka në jetën tënde, duke të dhënë mundësinë të marrësh përgjegjësitë para vetes, që të përballesh hapur me problemin e të vetëndihmohesh në korrigjimin e tij.

Belbëzimi është diçka që ekziston dhe nuk mund të largohet duke e injoruar.

Belbëzimi mund të kthehet në një shqetësim serioz, që kushtëzon aftësinë e një personi në komunikim dhe kufizon, në këtë mënyrë, pjesëmarrjen e tij në shoqëri; ka shpesh pasoja në mbarëvajtjen e një individi në shkollë, në punë apo në mundësinë për të zënë shoqëri me të tjerët; mund të kthehet në një shqetësim, që transformohet në izolim shoqëror.

Korrigjimi i belbëzimit

Për ty mik i rritur (apo mike e rritur), detyra e parë është heqja e misterit të belbëzimit. Ky libër do të të ndihmojë disi në këtë drejtim: ty që belbëzon dhe njerëzit që duan të të ndihmojnë. Më beso, të gjithë do duan të të ndihmojnë, mjafton të kërkosh ndihmë. Më poshtë do të gjesh ato pak gjëra që mund të të shërbejnë si baza e atyre mjeteve që do të të duhen për të korrigjuar problemin me të folurën. Megjithatë, konsulta me një logoped apo terapeut gjuhësor është përsëri këshilla e parë që të jap.

Terapitë

Këshilla e parë që studiuesit japin dhe që po theksoj përsëri është se, kur një fëmijë fillon të shfaqë shenja të belbëzimit, prindërit duhet t'i drejtohen sa më shpejt të jetë e mundur specialistit.

Terapitë mbi të folurën dhe gjuhën janë provuar si shumë efektive me fëmijët e moshës deri në 5 vjeç. Kur problemi është kapur në kohën e duhur e nuk ka patur kohë të lërë gjurmë psikologjike, fëmija ka mundur të mësojë të flasë rrjedhshëm, duke mos patur më asnjë përsëritje të episodeve të belbëzimit.

Për adoleshentët dhe të rriturit që belbëzojnë, situata është më komplekse. Terapitë moderne arrijnë të ndihmojnë rrjedhshmërinë, besimin te vetvetja dhe komunikimin, por, meqenëse belbëzimi është më i konsoliduar në këtë fazë, terapia drejtohet në menaxhimin efektiv të belbëzimit. Kur kësaj i jepet vëmendja e duhur, sjell rrjedhshmërinë në të folur. Në vendet perëndimore, veç terapive të ndryshme, njerëzit shohin me interes edhe grupet e ndihmës së ndërsjellët të belbëzuesve.

A mund të korrigjohet plotësisht belbëzimi?

Terapia gjuhësore është e vetmja që deri më sot ka dhënë rezultate të kënaqshme. Një kurë "magjike" akoma nuk është zbuluar. Shpesh është dëgjuar për medikamente apo aparatura për kurimin e belbëzimit, por suksesi ka qenë në një numër të kufizuar personash.

Teknika dhe terapi

Të belbëzosh në mënyrë të rrjedhshme

Modifikim i bllokimeve në belbëzim

Kjo mënyrë e korrigjimit të belbëzimit është zhvilluar nga Charles Van Riper, një terapeut gjuhësor amerikan, që belbëzonte edhe vetë. Me këtë teknikë nuk kërkohet të arrihet rrjedhshmëri e plotë në të folur, por shërben si ndihmë për të belbëzuar më lehtësisht.

Van Riper mbronte pikëpamjen se ndjenjat e personave dhe mënyra se si ata konceptojnë ambientin rreth tyre kontribuon shumë në vazhdimësinë e belbëzimit të tyre.

Për këtë arsye, modifikimi i bllokimeve ka brenda vetes dhe ndryshimin e zakoneve, sjelljes dhe mënyrës së komunikimit me ambientin nga ana e belbëzuesit.

Kjo terapi ndahet në pesë etapa:

1. *Identifikim i asaj që personi bën gjatë belbëzimit dhe kur e shmang belbëzimin. Gjithashtu bëhet identifikimi i ndjenjave dhe mendimeve për belbëzimin.*

2. *Ulja e ndjeshmërisë. Punohet për të ulur në maksimum ndjenjën e frikës dhe ndjeshmërinë ndaj belbëzimit.*

3. *Larmizim. Eksperimentohet duke e goditur problemin me metoda të ndryshme.*

4. *Modifikim. Ndihmë për një belbëzim më të rrjedhshëm.*

5. *Stabilizim. Ruajtje e ndryshimeve që janë arritur.*

Këto etapa mund të mos jenë të radhitura si në listën e mësipërme dhe logopedi mund të vërë në funksionim ato pjesë të terapisë që duken më frytdhënëse për belbëzuesin nën terapi.

Terapia e pakësimit të shmangieve

Kjo terapi është zhvilluar nga Joseph Sheehan, një tjetër terapeut gjuhësor amerikan, që gjithashtu belbëzonte. Sheehan besonte se *"belbëzimi mbijeton vetëm si pasojë e dëshirës së belbëzuesit për të mos belbëzuar"*. Sipas tij, "një person do të vazhdojë të jetë belbëzues për sa kohë ai pretendon se nuk është i tillë. Sa më shumë përpiqet të mos belbëzojë, aq më i rëndë bëhet belbëzimi".

Terapia e Pakësimit të Shmangieve ka si bazë pranimin e problemit nga belbëzuesi, jo vetëm ndaj vetvetes, por dhe deklarimi i kësaj njohjeje ndaj personave që e rrethojnë. Në këtë terapi, personave që belbëzojnë u mësohet se si t'i afrohen një bisede e jo si ta shmangin. Kjo kërkon guxim dhe shpesh herë jep rezultate të shkëlqyera në terapinë në grup. Pra, në përgjithësi, Terapia e Pakësimit të Shmangieve shërben për të ulur sa më shumë frikën ndaj belbëzimit. Duke parë që kjo metodë e Sheehan adreson disa nga aspektet psikologjike të belbëzimit, mund të konsiderohet edhe si terapi psikologjike.

E folur e zgjatur, e ngadalshme

Ka plot metoda të krijuara pikërisht për përmirësimin e rrjedhshmërisë në të folur te personat belbëzues. Thuajse të gjitha këto metoda përmbledhin deri-diku teknikat e mëposhtme:

- *Ngadalësimi i ritmit të të folurës, duke zgjatur tinguj të caktuar.*

- *Pushim në një mënyrë të qetë e të rehatshme.*

- *Shqiptim i fjalëve në grupe.*

- *Shqiptimi i tingujve duke përdorur më pak presion sesa përdoret gjatë belbëzimit.*

- *Dhënie e vëmendjes së duhur ritmeve të frymëmarrjes.*

Qëllimi i këtyre teknikave është zëvendësimi i të folurës me belbëzim, me të folurën e rrjedhshme. Personi në terapi kurajohet drejt manipulimit dhe modifikimit të mënyrës se si flet, duke zhvilluar, në këtë mënyrë, një të folur të rrjedhshme.

Kur rrjedhshmëria është arritur gjatë terapisë, personi inkurajohet t'i përcjellë këto ndryshime të mira në komunikimin e tij të përditshëm. Tani është thuajse e pranuar nga të gjithë se është e domosdoshme të përdoren të kombinuara teknikat e modifikimit të të folurës me punën për të larguar frikën nga belbëzimi dhe mosshmangien e situatave ku kërkohet impenjim në të folur.

Kërkimet e shumta në këtë fushë kanë treguar se teknikat e ndryshme të modifikimit të të folurës janë të thjeshta për t'u shpjeguar nga terapeuti e të lehta për t'u mësuar nga personi që belbëzon. Megjithatë, jo të gjithë janë të kënaqur me atë se si e folura e tyre tingëllon gjatë modifikimit e me lodhjen dhe punën e kërkuar për të mësuar dhe mbajtur gjallë mënyrën e re të të folurit gjatë gjithë kohës.

Të heqësh një zakon të vjetër nuk është e lehtë, sidomos kur bëhet fjalë për belbëzimin, ndaj kërkohet ndihmë e vazhdueshme për ca kohë dhe praktikë e rregullt.

Dy terapeutë, Evesham dhe Fransella, arritën të kuptonin se kur teknikat e mësipërme përdoren në kombinim me Terapinë e Rindërtimit Personal, klientët e tyre kishin rishfaqje tepër të rralla të belbëzimit.

Terapia e Rindërtimit Personal

Kjo terapi u përdor me belbëzuesit nga Frasella në fund të viteve gjashtëdhjetë dhe fillim të viteve shtatëdhjetë. Teoria mbi këtë terapi u bë e famshme në radhët e terapeutëve gjuhësorë, sepse ofronte bazat mbi të cilat mund të kuptohej përse ndryshimi i zakoneve nga një individ ishte i vështirë edhe në rastet kur vetë personi, që i nënshtrohej terapisë, ishte më se i bindur se një gjë e tillë ishte e domosdoshme dhe në shërbim të tij.

Terapia e Rindërtimit Personal ndihmon si terapeutin, ashtu edhe vetë belbëzuesin, që të kuptojnë efektet psikologjike të belbëzimit në jetën e belbëzuesit.

Përgjatë një eksplorimi të kujdesshëm të vetvetes, belbëzuesi punon drejt rritjes së rrjedhshmërisë, duke zhvilluar një opinion pozitiv kundrejt atij pak belbëzimi që mund të ngelet.

Kjo terapi është vërtetuar tepër e vlefshme kur përdoret e kombinuar me të tjera terapi, sidomos tek ata persona që janë tepër të stresuar, me një belbëzim të lehtë, që mendojnë se i pengon në përparimin e tyre. Është një terapi që përdoret kudo në botë sot.

Këshillimi

Këshillimi është një nga pjesët më të rëndësishme të mënyrave trajtuese të belbëzimit. Kjo lloj terapie paraqitet frytdhënëse me ata belbëzues, që ndjejnë se një bisedë rreth ndjenjave të tyre negative, eksperiencave të dhimbshme dhe pasojave të belbëzimit në jetën e tyre, mund t'i ndihmojë në çlirimin e ngarkesës emocionale dhe stresit psikologjik. Këshillimi është në mënyrë të veçantë i vlefshëm për ata belbëzues që luftojnë për korrigjimin e parrjedhshmërisë së tyre, duke patur, në të njëjtën kohë, një ngarkesë emocionale të lartë.

Ka plot teori dhe metoda këshillimi. Dy më të përdorurat sot në botë janë: Këshillimi me Personin në Qendër të Vëmendjes dhe Këshillimi Psikodinamik. Megjithëse të dyja metodat ndihmojnë në punën me belbëzuesit, e para është vërtetuar më efikase. Baza e kësaj metode është përfitimi i efekteve të kërkuara me anë të eksplorimit të problemeve dhe vështirësive që një belbëzues ka e që mendon se mund të kalohen me anë të këshillave të terapeutit.

Me ndihmën e terapeutit apo këshilltarit, personat belbëzues inkurajohen të ndihmojnë veten, duke ndërtuar një ndjenjë më të gëzuar për personalitetin dhe jetën e tyre.

Terapia zbuluese

Terapia Zbuluese bazohet në parimin se mendimet tona janë të rëndësishme jo vetëm për atë se si ndjehemi, por edhe për sjelljen tonë. Belbëzuesi mëson në fillim si të identifikojë mendime që shkaktojnë ndjenja të forta, si: ndërgjegjësimi, turpi dhe shqetësimi. Më pas i tregohet se si t'i luftojë këto mendime dhe të mos i pranojë si fakte të padiskutueshme.

Terapia Zbuluese nuk është një mjet për të arritur "të menduarit në mënyrë pozitive", por një mënyrë për të mësuar se si të qëndrosh i tërhequr në mendime, duke konsideruar alternativat e mundshme.

Terapia Zbuluese është zakonisht e shkurtër, nga 12 deri 16 sesione dhe ka si qëllim të ndihmojë belbëzuesin në ndërtimin e strategjive, për t'u përballur me vështirësitë në mënyrë të pavarur.

Teknika Relaksimi

Shpesh të përdorura si pjesë të një terapie më të gjerë dhe më komplekse, teknikat e relaksimit kanë si synim kryesor të ndihmojnë belbëzuesin në krijimin e metodave të shëndetshme, për të dalë nga situata stresuese. Teknikat janë tepër të larmishme dhe variojnë sipas terapeutëve apo preferencave të tyre. Një pjesë e belbëzuesve arrijnë në përfundimin se mësimi i teknikave të relaksimit i ndihmon në përgjithësi në zgjidhjen e problemeve të tyre, jo vetëm në problemet me belbëzimin.

Përdorimi i këtyre teknikave kërkon praktikë të vazhdueshëm, deri në perfeksionimin e tyre. Mbasi janë mësuar, personi arrin të nxjerrë përfitime të dukshme, duke arritur të relaksohet menjëherë mbas një situate plot stres, që mund të përkeqësojë belbëzimin.

Terapeutët gjuhësorë, zakonisht, kombinojnë terapinë më të përshtatshme për çdo individ. Si në shumicën e terapive, ato për belbëzimin janë një partneritet mes terapeutit dhe pacientit të tij belbëzues. Ky komunikim është i domosdoshëm për suksesin e terapive.

Për familjarët

Të japësh këshilla është e thjeshtë, sidomos kur ti nuk ke të njëjtin problem me atë që po këshillon.

Këshillat thuajse gjithmonë kanë mbrapa dëshirën e mirë për të ndihmuar, por shpesh janë aq të komplikuara sa që është e pamundur t'i ndjekësh.

Lista e gjërave më të rëndësishme që një belbëzues duhet dhe nuk duhet të bëjë:

Duhen bërë:

- *Eduko veten dhe të tjerët rreth teje ta pranoni belbëzimin*

- *Fol ngadalë, shkurt dhe me zë të pastër*

- *Mëso të marrësh frymë qetësisht*

- *Rri i qetë, mendërisht dhe fizikisht*

- *Kur flet, mbaj shpinën drejt*

- *Shiko bashkëfolësit në sy*

- *Për gjërat që nuk i bën dot, mos ki turp, kontakto një logoped*

Nuk duhen bërë:
- *Mos ki frikë të flasësh*
- *Mos e hiq shikimin nga sytë e bashkëbiseduesit*
- *Mos u përpiq të flasësh shpejt*
- *Mos ki frikë të ngresh zërin*
- *Mos shmang fjalët e vështira*
- *Mos shmang asnjë situatë biseduese*

Këshilla praktike

Përdorimi i telefonit

Ka plot njerëz që, megjithëse nuk belbëzojnë, e kanë të vështirë të flasin në telefon; shpesh kjo është një fobi e vërtetë.

Po të dëgjosh me vëmendje telefonatat e shumë njerëzve që nuk belbëzojnë, vë re se shpesh u duhen disa sekonda të përgjigjen, duke u përqendruar në fillim në atë që duan të thonë. Zakonisht dëgjohen tinguj të tillë si "ëëëëë" ose "aaaaaa". Në këto situata, rrjedhshmëria e tyre kufizohet ndjeshëm.

Një pjesë tjetër, për të fshehur vështirësitë që ka në telefon, formon një mimikë të larmishme në fytyrë, duke përdorur dhe duart në të njëjtën kohë e ndoshta duke folur me zë të lartë e në mënyrë agresive.

Përdorimi i telefonit shpesh shkakton mjaft shqetësim dhe njerëzit mësojnë se si ta përballojnë me kalimin e kohës e me mënyrën e vet.

Nëse je një belbëzues dhe përdorimi i telefonit është vërtet problem, këshillat e mëposhtme mund të jenë njëfarë ndihme.

Telefonimi

Telefonimi normalisht ndahet në tri faza: përgatitja, thirrja dhe analiza.

Përgatitja
Përpara se të telefonosh duhet të jesh i qartë se përse po telefonon, cili është qëllimi i telefonatës. Në një copë letër shkruaj paraprakisht disa pika mbi të cilat do të ndërtohet telefonata.

Përpara se të bësh një telefonatë të rëndësishme, telefonoi një shoku a një personi me të cilin ndihesh me vetëbesim e që para të cilit nuk ngelesh keq edhe po belbëzove. Kjo mund të të ndihmojë të relaksohesh, duke të dhënë zemër për telefonatën tjetër.

Nëse do të duhet të bësh disa telefonata, formo një listë, duke vënë në fillim ata numra për të cilët ndjen më pak frikë.

Mos i shmang kurrë telefonatat që duhet të bësh. Mos i kërko askujt të bëjë telefonatat për ty. Nëse shmangesh, me kalimin e kohës telefonatat do të duken shumë më të vështira dhe frika do të shumëfishohet.

Thirrja
Shpesh ndodh që në linjë nuk është personi

që ti kërkon, ndaj, para se të telefonosh, bëj gati disa mënyra për të kërkuar personin me të cilin do të bisedosh. Gjej, për shembull, nëse emri i gjatë apo i shkurtër është më i thjeshtë për ty ose nëse vënia e emërtimit "zoti" apo "zonja" mund të të ndihmojë në shqiptimin e emrit të personit të kërkuar.

Nëse fillon të bllokohesh, përpiqu të belbëzosh hapur, por butësisht dhe lehtësisht. Përpiqu të mos i shtysh me zor fjalët. Kujdesu të flasësh sa më ngadalë të jetë e mundur.

Mos u shqetëso për heshtjet gjatë bisedës. Heshtje ka në të gjitha bisedat telefonike apo edhe në bisedat ballë për ballë. Përqendrohu në atë që do të thuash dhe mos u shqetëso fare për bllokimet që mund të të dalin para.

Qëllimi i telefonatës është komunikimi me personin nga ana tjetër e linjës: me apo pa belbëzim, ky komunikim duhet bërë, ndaj nuk ke ç'i bën.

Shpesh herë belbëzuesit nuk e vënë re se po flasin në mënyrë të rrjedhshme. Tregohu i vëmendshëm kur kjo ndodh. Mundohu ta vazhdosh sa më gjatë atë bisedë, duke konstatuar në të njëjtën kohë se si po ndjehesh, ku je, pozicionin që po mban dhe tonin e zërit që po përdor.

Kur e sheh që ke nisur të flasësh rrjedhshëm mos ndalo. Bëj të gjitha telefonatat që duhet të bësh. Rrihe hekurin sa është i nxehtë! Rrjedhshmëria në të folur të shton vetëbesimin dhe vetëbesimi sjell të folur të rrjedhshme.

Qëndrimi para pasqyrës gjatë telefonatës është shpesh një ndihmë e madhe, sepse, në këtë mënyrë, mund të shohësh se ku e ke tensionin, në fytyrë apo trup.

Nëse në një telefonatë të vështirë nuk ke belbëzuar, përgëzoje vetveten duke u vetëtrajtuar mirë me diçka që të pëlqen, për të ruajtur në kujtesë atë ndjenjë të mirë që kjo telefonatë e suksesshme të dha.

Konkluzionet
Shumica e njerëzve, jo vetëm belbëzuesit, telefonojnë në ato momente që faktikisht nuk ndjehen mirë dhe e folura e tyre, për një arsye apo një tjetër, nuk është shumë e rrjedhshme apo mesazhi që duan të japin nuk arrin të kuptohet nga bashkëbiseduesi.

Nëse ndjen që telefonata ishte e vështirë dhe belbëzove më shumë se zakonisht, përpiqu ta harrosh. Adopto një mentalitet optimist dhe mos harro se do të kesh, ashtu siç ke patur edhe më parë, plot telefonata ku nuk do belbëzosh.

Kur belbëzon nuk është fundi i botës. Pak nga pak do të mësohesh me receptorin e do ta kesh më të lehtë.

Nëse ke mundësi, regjistroi bisedat telefonike. Studio të folurën tënde mbi këto regjistrime. Përpiqu të mësosh prej gabimeve të tua. Zbulo situatat që të bllokojnë dhe ndërto një strategji për t'i kaluar gjatë telefonatës tjetër.

Nëse këtë do ta bësh për ca kohë, do ta shohësh se do të të ndihmojë në identifikimin e problemeve të përsëritura dhe fjalëve të vështira.

Pritja e telefonatave

Ky është momenti mbi të cilin ke kontrollin më të pakët. Megjithatë, deri diku, mund ta lehtësosh disi veten dhe presionin që ndjen.

Përgjigju telefonit pa u nxituar, mos vrapo drejt tij kur e dëgjon që po bie.

Në mendje duhet të kesh gati një përgjigje të garantuar pa belbëzim. Për shembull: nëse e ke më të vështirë të thuash emrin sesa mbiemrin, thuaj këtë të fundit. E njëjta gjë edhe për përgjigjet e tjera; duhet të kesh në mendje diçka që mund ta thuash pa problem.

Nëse do të të duhet t'i përgjigjesh telefonit në prani të personave të tjerë, është mirë të përqendrohesh vetëm tek telefonata, harroje ambientin rrethues.

Pranoje në vete se të pranishmit mund të të dëgjojnë dhe të të shohin kur një bllokim mund të ndodhë gjatë bisedës në telefon, megjithatë përpiqu që kjo mos të bëhet shkak për probleme të tjera me telefonatën.

Mos u shqetëso nëse fjala e parë mezi po të del nga gryka. Merre ngadalë dhe thuaje fjalën e parë në qetësi. Të tjerat do ta shohësh që do të dalin më lehtësisht.

Ndodh shpesh që dikush e ngre telefonin dhe

nuk flet, sepse, ose është duke mbaruar një bisedë me dikë tjetër pranë tij, ose ka ngritur telefonin për dikë tjetër e po pret që personi të vijë e ta marrë. Rri i qetë dhe prit deri sa tjetri të flasë. Mos u nxito, merr kohën që të duhet për të folur.

Mund të të bjerë rasti të bisedosh me një belbëzues tjetër. Trego të njëjtin durim që do të doje të tregonin për ty edhe të tjerët.

Këshilla të përgjithshme

Praktikimi i vazhdueshëm do të të bëjë të ndjehesh më mirë në prani të telefonit.

Përballu me frikën e telefonit. Bisedo me dikë për frikën e asaj që të ndodh gjatë telefonatave dhe rreth asaj se çka mund të bësh për këtë. Përpiqu të kuptosh se cilat janë telefonatat më të vështira për ty. Duke kuptuar këtë mundohu të gjesh një zgjidhje, por jo që t'i shmangësh këto telefonata, por të përballesh me to.

Tani telefono sa më shumë të mundesh. Përpiqu që gjithçka ta bësh përmes telefonit. Përpiqu që telefonit të shtëpisë t'i përgjigjesh vetë shumicën e kohës. Pranoje hapur që ke një problem me belbëzimin. Të tjerët do ta vlerësojnë si kurajo e nuk do u shkojë mendja të tallen.

Terapia e riedukimit të frymëmarrjes dhe rrëshqitjes së vullnetshme

Si fillim duhet të të them se duhet t'i dedikosh 100% të vullnetit kësaj terapie. Mund të të duket e vështirë në fillim, por mos harro se çfarë të ka bërë belbëzimi në jetë. Ja vlen të sakrifikosh pak mund për një jetë me fjalën e lirë.

Një gjë është e rëndësishme të kuptohet: kjo nuk është një teknikë që mund ta përdorësh e ta lësh kur të duash; duhet ta përdorësh gjithnjë, nëse dëshiron të arrish atë që do, rrjedhshmërinë. Nëse do të jesh aq i vendosur sa të ndjekësh gjithçka që duhet bërë, siç duhet bërë, të garantoj se ditët e belbëzimit dhe frikës do të shuhen në të shkuarën. Do të jenë thjesht një kujtim i keq.

Rindërtimi i vetvetes

Për të shijuar jetën me fjalë që nuk ngecin e me mundësinë që të thuash ç'të duash e kur të duash, duhet të fillosh rindërtimin.

Duhet të rindërtosh vetveten, sepse belbëzimi është tek ti. Belbëzimi nuk është as përbindësh, as virus edhe pse shpesh duket si i tillë. Është veç diçka që nuk shkon mirë brenda teje. Ca njerëz mezi mësojnë biçikletën, ty të ka rënë ky fat me fjalët. Të duhet më shumë punë që të arrish atë që të tjerët e marrin pa mundim. Për këtë arsye duhet të fillosh të mendosh për rindërtimin e vetvetes.

Nëse do ta shohësh veten si një ndërtesë, do të kuptosh se belbëzimi ka influencuar shumë në mënyrën se si je shfaqur e modeluar. Siç e thashë, pra, ka ardhur koha për një rikonstruksion.

Me këto fjalë që po lexon, fillon një jetë të re, plot punë dhe mundim, por me sigurinë se kjo që po bën është gjëja më e rëndësishme që ke bërë ndonjëherë për veten. Sot po "revoltohesh" edhe kundër zotit apo natyrës që të ka dhënë belbëzimin. Po i thua: unë jam zot i vetes dhe me veten mund të bëj ç'të dua!

PIRAMIDA E RRJEDHSHMËRISË

Njohja e belbëzimit si një fakt i padiskutueshëm

Të gjitha rindërtimet fillojnë me llogaritjen dhe konsolidimin e themeleve. Kjo është gjëja e parë që do të bësh edhe ti.

Që të jesh i sigurt se gjithçka do të shkojë mirë gjatë rindërtimit të vetvetes, në fillim duhet të sigurohesh se të gjitha problemet e mundshme janë zbuluar dhe gjithçka që nuk të duhet e ke flakur jashtë teje.

Duhet të pranosh kush je dhe si je: belbëzues. Të jesh i tillë nuk është as turp dhe as mëkat, ndaj nuk është turp të pranosh diçka që të gjithë rreth teje e dinë. Për ta bërë disi më të lehtë këtë detyrë mundohu të kujtosh se ç'të ka bërë belbëzimi gjatë gjithë jetës. Ke fituar ndonjë gjë duke fshehur kokën si struci në rërë? Ta them unë: asgjë!

Kërko ndihmën e një logopedi. Do ta kesh më të lehtë të kuptosh e të pranosh plot gjëra. Vetëm pasi të kesh bërë sa thamë më lart, do të kesh mundësi të fillosh rindërtimin e vetes.

Rrethi i shqetësimit

Gjithçka që një belbëzues bën për të shmangur belbëzimin apo fjalë të veçanta, pak nga pak ka ngritur Rrethin e tij të Shqetësimit.

Një terapeut i famshëm gjuhësor amerikan, Dr.Joseph Sheehan, edhe vetë belbëzues, është themeluesi i terapisë së Mosshmangies, që do ta gjesh të përshkruar më poshtë në mënyrë praktike. Ishte Sheeman ai që për herë të parë ndërtoi idenë e Rrethit të Shqetësimit.

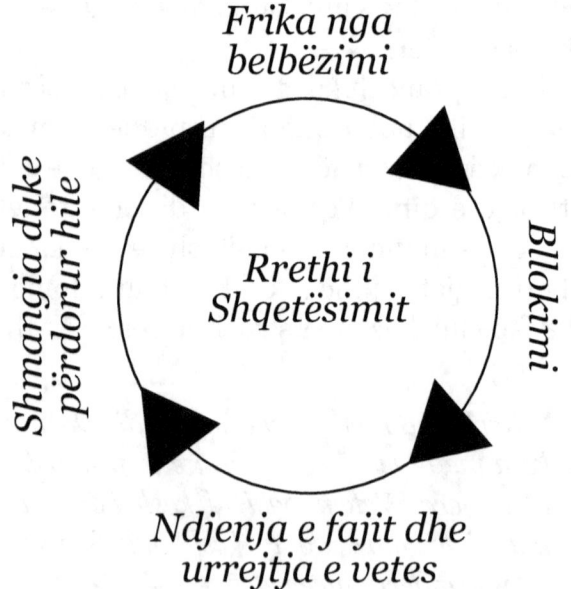

Ajsbergu

Dr.Sheeman gjithashtu ndërtoi një analogji tepër kuptimplote mbi marrëdhëniet ndërmjet konflikteve të brendshme shpirtërore dhe belbëzimit, që shfaqet jashtë personit. Ai përshkruan belbëzimin si një ajsberg me vetëm 10% të masës mbi ujë. Ky 10% është belbëzimi që njerëzit shohin e dëgjojnë. 90% e ajsbergut nën ujë janë problemet e brendshme të belbëzimit. Për të ndërtuar rrjedhshmërinë duhet të fillosh të shkrish akullin e ajsbergut tënd. Kjo është pjesa më e rëndësishme e terapisë, sepse, me anë të këtij procesi, do të ndërtosh themelet e rrjedhshmërisë së ardhshme.

10% Ajo që shohin të tjerët, sforcim, frikë, tension, turp

90% = Urrejtje ndaj vetes, vetëfajësim, turp, shmangie e fjalëve, shmangie situatash, shmangie ndjenjash, shmangie e raporteve me të tjerët, kompromis me veten

Fillo të ndërtosh

Kur njeh hapur të shkuarën dhe pranon veten për atë që je, mund të fillosh të ecësh para, sepse qëndrimi në këtë pikë, pa bërë asgjë për t'u përmirësuar, do të të bëjë që shpejt të kthehesh aty ku ke qenë.

Të ecësh para është qëllimi kryesor i kësaj që po bën, si dhe një veprim tepër i rëndësishëm për përmirësimin e belbëzimit dhe arritjen e rrjedhshmërisë.

Nuk mjafton vetëm ta thuash që do të bësh diçka për të ecur para, duhet të veprosh me gjithë seriozitetin e duhur. Kur ta kesh bërë një gjë të tillë, të premtoj që do ta kuptosh edhe vetë se sa e rëndësishme është.

Të kuptosh belbëzimin

Para se të fillosh të studiosh e të përdorësh teknikën që po përshkruajmë, do të të duhet të kuptosh me qartësi se çfarë është belbëzimi. Megjithatë, subjekti në fjalë është tepër i gjerë e plot njerëz kanë shkruar mijëra faqe për të, por, të them të drejtën, meqë nuk kemi as kohën dhe as hapësirën e duhur, do të ndalem veç në pikat më të rëndësishme.

Për ta nisur, dua të të them që kjo terapi nuk është një kurë dhe nuk merr përsipër të zhdukë problemin. Gjithçka që të premtoj është se kjo metodë do të të ndihmojë ta kontrollosh belbëzimin dhe, duke i dhënë kohën e vëmendjen e duhur, do të të sjellë rrjedhshmërinë.

Megjithëse është shkruar shumë mbi belbëzimin, ekspertët deri më sot nuk kanë arritur të bien dakord se çfarë e shkakton belbëzimin. Sipas shumë terapeutëve gjuhësorë, një nga shkaqet më të rëndësishme të belbëzimit është moskoordinimi i frymëmarrjes. Ndaj, duke rimësuar të marrësh frymë, do të rimësosh të flasësh rrjedhshëm.

Dinamika e të folurit

Për të kuptuar belbëzimin, si fillim, duhet të kuptosh dinamikën e të folurit. Që të mos i biem gjatë, do përpiqem të të shpjegoj sa më thjesht se ç'ndodh.

Frymëmarrja është mekanizmi kryesor i të folurës. Fuqia e të folurës vjen veç nga frymëmarrja. Fuqia e ajrit që del nga mushkëritë e tua bën të dridhen kordat e zërit e të lëshojnë tinguj. Është kontrolli mbi frymëmarrjen ai që të jep kontrollin mbi të folurën. Nëse nuk merr frymë si duhet edhe fjalët nuk do të dalin ashtu siç duhet.

Trungu i trupit tënd është i përbërë nga dy pjesë, pjesa e barkut dhe gjoksi. Mes këtyre dy pjesëve është diafragma. Frymëmarrja duket sikur ka të bëjë vetëm me mushkëritë, por nuk është kështu. Është diafragma ajo që i bën mushkëritë të mbushen me ajër e të zbrazen më pas.

Frymëmarrja

Frymëmarrja pak a shumë mund të përshkruhet me këto dy tipare:

Frymëmarrje – Truri thotë se ka ardhur koha për të marrë frymë, ndaj dërgon një sinjal te diafragma, e cila, duke u mbledhur dhe rrafshuar, zgjeron hapësirën e mushkërive dhe bën që ajri të vërshojë drejt mushkërive. Nga kjo, brinjët lëvizin anash dhe lart dhe gjoksi mbushet me ajër.

Frymënxjerrje – Kur koha vjen për të nxjerrë frymën ose për të folur, një mesazh i ri nga truri shkon te diafragma, duke i thënë se kjo mund ta lëshojë tensionin e të shtendoset. Gjoksi zvogëlohet, ajri del jashtë mushkërive dhe ti flet. Brinjët tani lëvizin poshtë dhe brenda.

Diafragma

Ashtu siç e thamë më lart, një nga pjesët më të rëndësishme të frymëmarrjes është funksioni i diafragmës, që është muskuli më i madh gjysmë automatik i trupit të njeriut. Duke qenë i tillë, funksionon si gjithë muskujt e tjerë gjysmë automatikë, si p.sh, muskujt që përdoren për t'u gëlltitur. Kjo do të thotë që në shumicën e kohës funksionon edhe kur nuk e kemi mendjen aty, por mund ta vëmë në punë edhe në mënyrë të ndërgjegjshme, me qëllim. Funksioni automatik i diafragmës na bën të marrim frymë edhe kur flemë, pa u kujtuar se na duhet ajër. Shumica e muskujve në trupin e njeriut kanë funksione të pavullnetshme.

Për shembull, kur hyn në një dhomë të errët dhe diçka të tremb, në mënyrë të pandërgjegjshme ngre duart si për t'u mbrojtur dhe merr frymë thellë. Frymëmarrja e shpejtë dhe e thellë është një veprim i pavullnetshëm i diafragmës. Mbas kësaj kërkon të marrësh frymë përsëri apo të ngresh zërin, por nuk mundesh: pse? Nuk flet dot, sepse diafragma është tkurrur dhe i duhet të lëshohet që ajri të dalë jashtë e të mund të flasësh. Në këtë rast, te diafragma janë dy forca të kundërta në punë. Si rezultat, ajo ngec në pozicionin e saj dhe ti nuk flet dot. Pa nxjerrje të ajrit nuk ka as zë.

Ndoshta ka një përgjigje për këtë reaksion të diafragmës dhe mund ta gjejmë te grekët e lashtë, që diafragmën e quanin "Shtëpia e shpirtit". Nervi që kontrollon diafragmën quhet "nervi frenik" dhe në greqisht "frenik" i thoshin shpirtit. Grekët, gjithashtu, përdornin fjalën "eksfrenos", që do të thotë të flasësh nga shpiti.

Nëse kjo është e vërtetë, diafragma nuk është një muskul i zakonshëm. Ajo reagon ndaj emocioneve, si frika dhe gëzimi, në mënyra tepër të çuditshme dhe shpesh e bën të pamundur të folurën.

Mbasi kemi kuptuar se sa e rëndësishme është të kontrollosh emocionet, ka ardhur koha të nisim rindërtimin e vetvetes.

Mos harro:

Je individ dhe përparimi në korrigjimin e belbëzimit tënd nuk mund të krahasohet me askënd tjetër, ndaj mos e vër veten në garë.

Forcat duhet t'i përqendrosh plotësisht në përmirësimin e belbëzimit.

Duhet të jesh gati që teknikën që po mëson ta përdorësh gjithnjë. Në të kundërt, shpejt do të kthehesh aty ku ke qenë e do t'i harrosh ato që ke mësuar. Do ta humbasësh përsëri rrjedhshmërinë, që do fitosh me aq mund. Përdore ose teknika do të të lërë. Konsideroje veten një sportist, që i duhet të bëjë stërvitje gjithnjë për t'u mbajtur në formë.

Nënë Tereza thoshte: "Që ta mbajmë ndezur flakën e llambës, duhet t'i hedhim vaj vazhdimisht".

Mënyra e frymëmarrjes

Mundohu të qetësohesh e të ndihesh mirë me veten. Përpiqu të imagjinosh se sa gjë e bukur do të jetë të flasësh rrjedhshëm.

Ulu në një karrige me shpinën drejt e të pambështetur. Nëse pozicioni nuk është i tillë edhe frymëmarrja nuk do të jetë e lirshme.

Merr një rrip të zakonshëm pantallonash, lidhe rreth gjoksit, diku në mes, nga shpatullat te fundi i brinjëve. Nuk është e nevojshme ta shtrëngosh shumë, e rëndësishme është që rripi mos të bjerë. Vër duart te baza e brinjëve me bërrylat e hapur anash. Mundohu ta shohësh pozicion në pasqyrë.

Merr frymë thellë nga goja, pa i ngritur supet, derisa të ndjesh që rripi po të shtrëngon rreth brinjëve.Nxirre ajrin ngadalë pa nxitim e me sa më pak presion të mundesh. Boshatise gjoksin nga ajri, duke shtyrë me duar edhe brinjët, që të ndihmosh nxjerrjen.

Bëj një pushim pa marrë frymë, duke numëruar deri në 5 dhe përsërit ushtrimin nga fillimi.

Vazhdo ta bësh këtë ushtrim rreth 50 herë, pastaj ngrihu e bëj pak pushim. Mos u përtyp kur bën ushtrimin, sepse do të krijosh konfuzion mes gëlltitjes dhe frymëmarrjes.

Tani fol

Do të thuash diçka? Ndalo! Mos u nxito!

Nxirr gjithë ajrin nga mushkëritë, duke e lëshuar fare tensionin në diafragmë.

Përpiqu të ndjehesh mirë dhe i sigurt për rezultatin që do të vijë. Askush nuk do të të korrigjojë edhe po bëre gabim. Mund ta nisësh nga e para.

Përgatit veten për të folur. Mendo atë që do të thuash, fjalët e sakta të një fjalie të shkurtër. P.sh: "Jam 25 vjeç!".

Nëse ke dikë para duhet ta shohësh në sy. Nëse je vetëm, dil para pasqyrës dhe shiko veten në sy.

Merr frymë thellë, në mënyrën që përshkruam më lart, derisa ta ndjesh rripin të të shtrëngojë rreth brinjëve.

Kur gjoksi është mbushur plotësisht me ajër, pa nguruar fol menjëherë, me një zë të thellë gjoksi.

Nxirr gjithë ajrin që të ka mbetur në gjoks mbas të folurës.

Kjo duhet të jetë mënyra se si do të flasësh tani e tutje; nuk do të ketë më të folur të rastësishme e të nxituar. Përpiqu të perfeksionosh teknikën që ke mësuar, pa e vrarë mendjen për asgjë tjetër.

Në fillim mundohu që fjalitë të jenë të thjeshta dhe të shkurtra, ndoshta dhe një fjalë e vetme për një frymëmarrje. Mos harro të bësh pushim mbas fjalive. Mos harro që 100% të kohës duhet të flasësh duke përdorur këtë teknikë. Në fund do të shohësh që, pasi të jesh mësuar me këtë mënyrë të të folurit, gjithçka do të të duket më e thjeshtë, e natyrshme.

Po sikur për një moment të bllokohesh, të belbëzosh?

E thjeshtë. Ndalo! Harroje belbëzimin. Mos u sforco t'i nxjerrësh fjalët me zor.

Riktheu në fillimin e asaj që do thoshe.

Nxirr ajrin.

Pusho!

Merr frymë thellë dhe thuaje nga e para atë që do thoshe.

Asnjëherë mos e sforco veten për të thënë fjalë, që në atë moment nuk i thua dot.

Pakësimi i shmangieve
Rrëshqitja e vullnetshme

Rrëshqitja e vullnetshme është një lloj belbëzimi me dashje. Tani që po kërkon të korrigjosh belbëzimin, në mendje të vjen pyetja: ç'më duhet të belbëzoj artificialisht, kur belbëzoj edhe pa u shtirur?

Për këtë do të lutem të më besosh: kjo mënyrë është një ndihmë e madhe në shmangien dhe korrigjimin e belbëzimit.

Ideja e rrëshqitjes së vullnetshme ka rreth 70 vjet që përdoret dhe është testuar si një metodë tepër efikase në korrigjimin e belbëzimit. Ka ndihmuar në botë mijëra e mijëra belbëzues. Dr.Sheehan e ndërtoi këtë teknikë rreth viteve pesëdhjetë dhe e ktheu në një terapi të vërtetë për pakësimin e shmangieve. Megjithatë, vetëm rrëshqitja vullnetare nuk mund të të ndihmojë në korrigjimin e belbëzimit. Ajo duhet kombinuar edhe me pjesë të tjera të terapisë, për të cilën po flasim.

Belbëzimi i vullnetshëm, mbi të gjitha, të shkarkon nga emocionet që belbëzimi natyral mbart me vete. Fuqia lehtësuese e tij shihet në këto aspekte:

E kontrollon ti belbëzimin dhe belbëzimi nuk

të kontrollon më ty.

Zgjedh ti se kur do e kur nuk do të belbëzosh.

Ua tregon hapur njerëzve se belbëzon, duke mos shpresuar që ata të mos e kuptojnë se je belbëzues. Kujt nuk i pëlqen ky fakt, le mos të dëgjojë!

Heq frikën e pritjes së një bllokimi, duke e kontrolluar vetë situatën.

Belbëzon me qetësi, pa tension, pa shtrëngim. Veç një rrëshqitje dinjitoze tingujsh.

Mund të shohësh bashkëbiseduesin në sy e të kuptosh fare qartë reagimin e tij, sepse e ke mendjen të kthjellët.

Më e rëndësishmja është se nuk po shmang asnjë fjalë nga ato që deri tani kanë qenë të vështira, duke bërë që liria jote e të shprehurit të zgjerohet pa fund.

Mos u fshih nga belbëzimi, përballu me të në një mënyrë dinjitoze dhe të kontrolluar, duke vlerësuar në maksimum atë që dëshiron t'i thuash bashkëfolësit.

Këtë metodë mund ta përdorësh jo vetëm me fjalët e vështira, por edhe me ato që nuk ke belbëzuar kurrë, për të fituar një vetëbesim më të madh.

Para se të nisësh të mësosh e të praktikosh rrëshqitjen e vullnetshme, duhet të kesh kujdes për disa gjëra:

Përdor rrëshqitjen e vullnetshme vetëm në kombinim me teknikën e frymëmarrjes, që përshkruam më lart.

Fol me një zë bas, nga thellësia e gjoksit. Nëse i lë tensionin dhe frikën të vijnë deri te goja, ndalo, sepse rrëshqitjen ke nisur ta përdorësh si hile, për t'ia hedhur belbëzimit. Mos bëj hile me veten!

Mos e përdor rrëshqitjen kudo, me idenë "më mirë kjo, sesa të ngecem". Përdore vetëm aty ku e ndjen se do të belbëzosh.

Mos qëndro shumë gjatë në këtë fazë të terapisë së korrigjimit të belbëzimit.

Si duhet bërë rrëshqitja e vullnetshme

Merr frymë thellë me qetësi, si e përshkruam te pjesa e frymëmarrjes.

Shiko në sy bashkëfolësin. Kjo është një nga gjërat më të rëndësishme të terapisë.

Rrëshqitja e vullnetshme duhet bërë vetëm në tingullin e parë të fjalës. Psh:

rrrrrrrëshqitje
vvvvvullnetare
uuuuunë
aaaaakullore

Vetëm në tingullin e parë, asnjëherë, në mënyrë kategorike, në tingujt e tjerë.

Rrëshqit pastër e pa sforcim.

Tinguj të rëndë si k, d, b dhe t janë disi të vështirë për rrëshqitje, por përpiqu të praktikohesh dhe do ta shohësh se, me kalimin e kohës, do ia marrësh dorën.

Përdor si fillim rrëshqitjen te fjalët që nuk i ke frikë. Kjo do të heqë frikën edhe nga fjalët ku ti e di se belbëzon.

Kur rrëshqet te një fjalë e vështirë, vazhdo rrëshqitjen derisa ta ndjesh që bllokimi të kaloi. Por kjo nuk do të thotë që duhet ta ekzagjerosh me rrëshqitjen.

Dy teknikat e para që mësove, frymëmarrjen brinjore dhe rrëshqitjen e vullnetshme, tani duhet t'i praktikosh deri sa ta ndjesh që ia ke marrë dorën dhe të janë bërë shprehi. Mos u entuziazmo me rrjedhshmërinë që ke arritur deri tani, ke akoma shumë rrugë para.

Me kalimin e kohës do ta shohësh që për rrëshqitjen nuk do të kesh shumë nevojë e fjalët do nisin të të dalin nga goja natyrshëm.

Nëse do vazhdosh të zbatosh ato që ke mësuar deri në fund, prapë, ndonjëherë, do të belbëzosh, të siguroj për këtë, por belbëzimi do jetë i njëjtë me gjithë të tjerët; do të thotë aq sa belbëzojnë edhe ata që flasin rrjedhshëm.

Një belbëzues rimëson të flasë njësoj siç mëson një fëmijë t'i bjerë violinës, do punë dhe mundim, por, më në fund, tingujt që dalin magjepsin botën.

Mundohu dhe ti të magjepsësh botën me ato që do të thuash e ndoshta edhe unë do të ndjej se ky libërth vleu për diçka.

www.ingramcontent.com/pod-product-compliance
Lightning Source LLC
LaVergne TN
LVHW010609070526
838199LV00063BA/5119